BIBLIOTHÈQUE DE « L'ÉMANCIPATION »

CONFÉRENCE

SUR LE

CONTRAT DE SALAIRE

ET

LES MOYENS DE L'AMÉLIORER

Par Charles GIDE

Professeur d'Économie politique à l'Université de Montpellier

PRIX : 0,30

NIMES

IMPRIMERIE ROGER ET LAPORTE

Veuve LAPORTE, Succ.

7, Ruelle des Saintes-Maries, 7

1894

BIBLIOTHÈQUE DE « L'ÉMANCIPATION »

CONFÉRENCE

SUR LE

CONTRAT DE SALAIRE

ET

LES MOYENS DE L'AMÉLIORER

Par Charles GIDE

Professeur d'Economie politique à l'Université de Montpellier

PRIX : 0,30

NIMES
IMPRIMERIE ROGER ET LAPORTE
Veuve LAPORTE, Suc^r
7, Ruelle des Saintes-Maries, 7

1894

Cette conférence a été donnée le 27 janvier 1894 dans la grande salle de la Bourse du travail de Nimes qui m'avait fait l'honneur de m'inviter à y inaugurer une série de conférences. Elle n'était pas destinée à être publiée. C'est même à vrai dire, moins une conférence qu'une leçon d'économie politique faite pour un auditoire ouvrier ; elle ne contient ni vues originales, ni idées personnelles, ni développements oratoires, mais une analyse rapide et un peu sèche du contrat du salaire et des divers perfectionnements dont il est susceptible. Telle quelle cependant, on m'a demandé de la laisser imprimer, probablement par ce double motif qu'elle pourrait expliquer aux ouvriers des faits économiques qui ne sont pas toujours clairement compris, et qu'elle pourrait constituer un précédent pour ceux qui auraient à faire des conférences dans les Bourses du travail ou les cercles ouvriers. En effet, accepter les institutions existantes alors même qu'on les juge défectueuses et se contenter de chercher les moyens appropriés pour en tirer le meilleur parti possible, est une tâche ingrate que les ouvriers ne goûtent pas beaucoup et vers laquelle ceux qui ont l'honneur de leur parler ne les poussent guère. Cependant il n'en est pas de plus utile et c'est même la seule qui puisse donner des résultats immédiats.

C. G.

CONFÉRENCE

SUR LE

CONTRAT DE SALAIRE

ET

LES MOYENS DE L'AMÉLIORER

I. Du contrat de Salaire

Pour produire n'importe quel objet, deux éléments sont indispensables : 1° le travail ; 2° une certaine quantité de richesses déjà acquises, qu'on appelle *capital*. Cette seconde condition devrait même figurer la première : de même qu'un être vivant ne peut pas être produit sans une partie quelconque d'être vivant préexistant (semence, germe, cellule) ; — de même que le feu ne peut pas être allumé, du moins dans la vie pratique, sans une parcelle de feu préexistant (allumette, étincelle, briquet) ; — de même que la poudre et les mélanges explosifs ne peuvent pas faire explosion sans être provoqués par une certaine portion de matière explosive qui s'appelle l'amorce, de même la richesse ne peut être créée, engendrée sans une certaine portion de richesse préexistante qui sert d'amorce à la production future. Voyez la chasse, un métier quelconque, même celui de décrotteur : il lui faut au moins sa boîte et sa brosse ! — Vous pourriez m'objecter, il est vrai l'ouvreur de portières, mais je vous répondrais que ce n'est là qu'une forme de la mendicité.

Là où les deux éléments sont réunis dans une même main, là où le même homme peut à la fois fournir le capital et la main d'œuvre, point de difficultés : celui-là garde pour lui la totalité, l'intégralité du produit de son travail. Tel est le cas dans les nations encore peu développées, chez les artisans du moyen-âge et aujourd'hui encore dans les petits métiers des villes et chez les paysans des campagnes. Si tous les hommes étaient dans cette situation de producteurs indépendants, chacun travaillant avec son propre capital, la question sociale ne se poserait pas, — et si elle est peut-être moins aiguë en France que dans d'autres pays, c'est que la proportion de ces producteurs indépendants y est plus grande qu'ailleurs.

Malheureusement il y a par tout pays un nombre plus ou moins grand d'hommes qui n'ont pas cette richesse acquise : dans l'œuvre de la production, ils ne peuvent apporter que leurs bras ; — or, comme je viens de le dire, les bras à eux seuls sont impuissants à produire un objet quelconque. Ils sont donc obligés pour pouvoir produire n'importe quoi, pour pouvoir se servir de leurs bras, pour se procurer du travail, comme on dit, d'aller trouver ceux qui ont déjà une certaine quantité de richesse acquise, un capital et de s'entendre avec eux. — Or, cette entente n'est pas des plus aisées, et c'est ici que la question s'embrouille.

Il semble cependant qu'avec un peu de bonne volonté, il ne serait pas si difficile de s'entendre. Voyons cela.

Ah ! si le travailleur réclame, comme on le lui fait dire dans les programmes socialistes, *l'intégralité du produit*, il faut renoncer à toute entente. Il n'est pas admissible en effet, quand on a été deux à faire une chose, de réclamer cette chose pour soi tout seul. J'ai entendu un jour un ouvrier dire : je veux que celui qui a fait sa soupe la mange ! D'accord, mais si vous êtes deux à faire la soupe, il faut être deux à la manger; vous, vous avez fait la soupe, c'est-à-dire que vous l'avez fait cuire, mais le capitaliste a apporté le bœuf, le sel, la marmite et le bois pour la faire bouillir, — je veux dire la matière première, les instruments et l'argent.

Si le travailleur pouvait apporter lui-même tous les matériaux nécessaires pour faire la soupe, bon! en ce cas il est clair qu'il aurait le droit de la manger à lui tout seul. C'est ce qui se passe pour les petits métiers ; c'est ce que nous cherchons à étendre et à réaliser par l'association coopérative de production:

Pourquoi alors ne pas partager en commun comme de bons enfants? Nous allons entreprendre une production quelconque : moi, j'apporte une certaine quantité de richesse acquise sous forme de matière première, — instruments, terre, argent. Vous, vous apportez vos bras, votre puissance de travail qui est un élément également indispensable : impossible de savoir lequel est le plus indispensable des deux, de même que quand on coupe une feuille de papier avec des ciseaux, il est impossible de dire laquelle des deux lames des ciseaux a été la plus nécessaire — dès lors partageons.

Mais cette première solution qui n'est pas mauvaise — puisque c'est à celle-là en fin de compte que nous tâcherons de revenir — n'est pas facile à faire accepter des deux parties. Ni l'une ni l'autre n'en veut.

Ni le capitaliste d'abord qui se considèrerait comme lésé; allez donc le lui proposer !

Il estime que son apport dans l'association vaut plus que le simple travail, que la main d'œuvre d'un seul homme; — et le fait est que si son capital a été honnêtement gagné, il doit représenter le travail de plusieurs vies d'hommes. Par exemple, 100.000 fr. de richesse acquise représentent certainement l'épargne de plusieurs générations. A l'ouvrier donc qu'il embauchera et qui lui dira: partageons, il répondra : halte-là ! votre travail à vous vaut 1000 ou 1500 fr. par an, mais mon capital à moi mérite au moins 5 ou 6000 fr. par an.

Ni le travailleur non plus ; cela vous étonne peut-être et vous vous dites : oh ! que si on nous proposait le partage nous l'accepterions bien ! Je vous assure au contraire que dans la plupart des cas, vous ne voudriez pas, vous ne pourriez pas l'accepter.

Naturellement s'il s'agit d'une entreprise toute montée et qui donne régulièrement des bénéfices, vous accepteriez — et encore n'est-ce pas bien sûr, car, pour pouvoir partager, il faudrait au moins pouvoir attendre l'époque du partage, un an, en général, c'est-à-dire la clôture de compte, et l'ouvrier ne peut pas attendre ; il a besoin d'être payé, sinon tous les jours, du moins chaque quinzaine. Même pour les entreprises lucratives, il n'est donc pas sûr que l'ouvrier pût accepter le partage, quand même il le voudrait. Mais s'il s'agit d'entreprises qui commencent et dont on ne peut prévoir le résultat — remarquez que tel est le cas de toutes les entreprises nouvelles sans exception — il ne pourrait, ni ne voudrait courir les chances d'un partage aléatoire. Sur dix entreprises qui se fondent, il y en a un tiers peut-être, peut-être la moitié qui échouent : l'ouvrier se trouverait dans ce cas avoir travaillé pour rien, pendant un an ou peut-être plus d'un an. C'est un système qui assurément ne lui conviendrait guère.

Alors voici ce qu'on a imaginé. Le capitaliste, celui qui apporte la richesse acquise, convient avec le travailleur qu'il lui donnera une somme fixe payable au jour le jour ou du moins quinzaine par quinzaine, dès que le travail sera commencé, moyennant quoi, lui, capitaliste, déjà propriétaire de la richesse acquise, gardera pour lui aussi la propriété de la richesse nouvelle qu'on va produire et naturellement aussi courra la chance bonne ou mauvaise de l'entreprise ; si la quantité de richesse produite est grande, en d'autres termes s'il y a de gros bénéfices, tant mieux pour lui ; si au contraire, la richesse produite est nulle ou si elle est moins que nulle, c'est-à-dire si, au lieu de production il y a destruction de richesses, si, au lieu de profit, il y a perte, tant pis pour lui.

Le travailleur, lui, a touché son salaire chaque samedi, et que les résultats de l'entreprise soient bons ou mauvais, il s'en moque.

C'est ainsi que tandis que tous les capitalistes qui ont mis leur argent dans le Panama ont été ruinés, tous les ouvriers, employés, ingénieurs, qui y ont travaillé, ont gagné de jolis salaires. Il ne faut donc pas s'étonner à l'inverse, si dans les entreprises qui donnent d'énormes bénéfices, comme les mines d'Anzin ou telle industrie locale, les salaires restent à un taux modeste.

C'est là ce qu'on appelle le salariat et qu'on peut définir : *un contrat à forfait par lequel l'ouvrier abandonne tout droit au produit de l'entreprise dans laquelle il travaille, moyennant une somme fixe payable comptant.*

Cet arrangement ne paraît pas mauvais et semble de nature à satisfaire assez bien les intérêts des deux parties. La preuve qu'il n'est pas mauvais, c'est que les riches eux-mêmes ont souvent recours à un arrangement identique. Par exemple, un rentier quand il prête son argent à une Compagnie, quand il « le place, » comme on dit, fait très souvent la convention suivante : « Je ne veux pas, dit-il, courir les chances de l'entreprise, ni attendre qu'elle ait donné des résultats ; je me désiste de toute prétention aux résultats et aux bénéfices, pourvu que vous me payiez une somme fixe tous les six mois » : cela s'appelle placer son argent en obligations — à la différence de ceux, plus aventureux, qui le placent en actions.

Oui, sans doute, seulement pour que cette espèce de contrat soit juste et équitable, il faut que les parties soient sur pied d'égalité. C'est le cas du capitaliste-rentier qui prête son argent à d'autres capitalistes. Ils débattent les conditions sur pied d'égalité et il y a donc bien des chances pour que les avantages réciproques soient égaux. Mais tel n'est pas le cas de l'ouvrier vis-à-vis du capitaliste.

Le capitaliste a d'abord pour lui cette supériorité d'avoir déjà la richesse acquise, tandis que l'autre ne l'a pas ; c'est déjà une cause de supériorité sur laquelle il est inutile d'insister, mais de plus le capitaliste ou le patron a cet avantage sur l'ouvrier d'être seul.

Comment, un avantage ? Eh ! sans doute. Ah ! si l'on était à la guerre, ce ne serait certes pas une supériorité que d'être seul contre cent ou contre mille ; mais sur le champ de bataille économique, c'est au contraire une très grande force. En effet, il est clair que dans ces conditions le patron peut beaucoup plus aisément se passer de l'ouvrier que l'ouvrier ne peut se passer du patron. Pour un patron qui peut employer cent ou mille ouvriers, peu lui importe un de plus ou de moins : un de perdu, dix de retrouvés ! tandis que l'ouvrier ne peut certes pas dire, s'il perd sa place dans une grande usine : un patron de perdu, dix de retrouvés ! Il y a cependant des économistes pour affirmer l'égalité des deux parties ! c'est une plaisanterie. Chaque jour quand un patron trouve qu'un ouvrier est paresseux ou incapable, il le met à la porte, tandis que je ne sache pas qu'un ouvrier, quand par hasard il trouve son patron fainéant ou désagréable, ait la ressource de le flanquer à la porte. Chaque jour quand des ouvriers se montrent trop exigeants, il arrive que le patron en fait venir d'autres d'Italie ou de Belgique pour les remplacer ; mais je n'ai jamais ouï dire que quand un patron était trop dur ou trop exigeant, les ouvriers aient jamais pu faire venir un patron d'Italie ou de Belgique pour le remplacer. Et quand la main-d'œuvre devient trop chère, il y a des ingénieurs très savants qui inventent des machines pour remplacer les ouvriers, mais aucun ingénieur, si savant qu'il soit, n'a encore inventé une machine pour remplacer le patron.

Donc la partie n'est pas égale. — Cette espèce de discussion, de marchandage qui exprime la liberté des contrats — par exemple entre une ménagère et une marchande de la halle : « J'en veux tant ! — Je vous en offre tant ! Vous ne voulez-pas ? bonsoir ! » — ce marchandage n'existe que bien rarement entre le capitaliste et l'ouvrier. Est-ce que vous avez jamais vu dans une usine ou dans une fabrique, quand un patron embauche un ouvrier, une discussion s'engager sur le taux du salaire à payer ? il n'y a pas de marchandage possible. Le patron lui dit : « Je paie tant à mes ouvriers, si ça ne vous va pas, vous n'avez qu'à chercher ailleurs. » Remarquez que je ne prétends point que le patron fixe le taux du salaire d'une façon arbitraire et à sa fantaisie, ce serait inexact ; il est obligé de prendre le taux ordinaire, de faire comme les concurrents ; — ce que je prétends seulement c'est que le taux fixé pour le salaire n'est pas fixé par un libre débat ; il n'est pas le résultat de la *liberté* : il est le résultat de la *nécessité* ! Voilà le mal.

Aussi il est à craindre que dans ce contrat de salaire, l'ouvrier ne soit obligé de faire comme Esaü qui, parce qu'il mourait de faim, vendit son droit d'aînesse à son frère Jacob pour un plat de lentilles — Jacob, c'était le capitaliste de l'époque — je veux dire qu'il ne sacrifie son droit éventuel sur le produit de l'entreprise moyennant une indemnité trop faible. Et la preuve qu'il en est bien ainsi, c'est que la plupart des législations ont défendu le paiement du salaire en nature (truck-system) ; elles ont donc pensé que l'ouvrier n'avait pas la liberté ou les moyens de se faire payer sous cette forme, ce qui était vrai, mais pourquoi l'aurait-il eu davantage sous une autre forme ? Et je n'hésite pas à dire que tel a été le cas en effet pendant toute la première moitié de ce siècle. L'histoire du salariat depuis le commencement de ce siècle, jusqu'à il y a une vingtaine d'années — d'après les documents les plus authentiques mais sur lesquels je n'ai pas le temps d'insister — nous présente le tableau d'une exploitation abominable de l'homme, de la femme et de l'enfant.

II. Des Syndicats ouvriers

Mais je me hâte de dire que depuis une vingtaine d'années, les choses ont bien changé et un progrès considérable a été réalisé ; les deux parties contractantes, le capitaliste et le travailleur, commencent à pouvoir traiter dans des conditions sinon égales, du moins bien moins inégales qu'autrefois et le taux du salaire s'est aussi assez notablement élevé ; je ne veux pas multiplier ici les chiffres, mais on peut dire d'une façon générale que depuis 1850 environ, les salaires — en moyenne — ont augmenté de 50 p. °/° et d'autre part la durée de la journée de travail a diminué. A quoi est dû ce résultat ? en grande partie aux associations ouvrières ! ce sont elles qui en organisant les travailleurs, en leur donnant la cohésion, la direction et aussi certains fonds, c'est-à-dire la possibilité de faire grève, d'exiger certaines conditions et de refuser le travail dans le cas où ces conditions ne leur sont pas accordées — leur ont permis de discuter avec les capitalistes, de faire ce marchandage dont je parlais tout à l'heure, qui était impossible entre un patron et un ouvrier isolé, mais qui au contraire est possible entre un patron et un syndicat constitué.

Je n'hésite donc pas à considérer l'organisation syndicale comme le correctif nécessaire du contrat de salaire et le seul moyen pour que ce contrat puisse donner des résultats équitables. Nous devons donc désirer que ces syndicats se multiplient : c'est ce qu'ils font. En 1884, il y a dix ans, quand la loi a été voté, on comptait 68 syndicats ouvriers ; l'année dernière on en comptait 1926 ! ils engloberont peu à peu toute la population ouvrière.

Il est fâcheux que les syndicats ouvriers ne soient pas arrivés en France au même degré de puissance qu'en Angleterre. Les raisons de cette infériorité sont assez nombreuses ; je n'ai pas à les examiner ici ; je me contenterai de dire que la principale raison est l'absence de cet esprit de solidarité et de cet esprit de sacrifice aux intérêts communs qui caractérisent vos camarades d'outre-Manche. L'ouvrier français est individualiste et je ne puis m'empêcher de rappeler ici la critique, d'ailleurs un peu amère, que leur a adressée un délégué anglais au Congrès ouvrier de Lausanne : « Toutes les fois, disait-il, qu'il s'agit de voter des motions, les délégués français ont toujours la main levée en l'air ; mais toutes les fois qu'il s'agit de réaliser ces motions par des cotisations, ils ne peuvent jamais abaisser leur main jusqu'à leur poche. »

S'il est vrai que la grève soit une chose très fâcheuse, c'est une grave erreur de croire, comme on le fait en France, que les grèves seraient d'autant plus fréquentes et plus violentes que les syndicats ouvriers seraient plus forts et mieux organisés. L'expérience, et surtout celle de l'Angleterre, nous prouve le contraire. Dans ce vaste pays, les grèves, qui étaient autrefois plus nombreuses et plus meurtrières qu'elles n'ont jamais été en France, tendent à devenir de plus en plus rares depuis que les syndicats ouvriers qu'on appelle là-bas, vous le savez, les Trades-Unions, y sont devenus de véritables puissances, de vrais corps d'armée dirigés par des commandants de premier ordre. Cela est si vrai que le parti socialiste en Angleterre reproche aux grandes Trades-Unions anglaises de ne plus faire assez de grèves et de consacrer une trop grande partie de leurs ressources à des œuvres de prévoyance.

Les raisons de ce fait, en apparence singulier, s'expliquent très aisément ; il y en a deux.

La première, c'est que là où le mouvement syndical est encore peu développé, comme en France, les syndicats sont le plus souvent constitués par des meneurs, les plus jeunes, les plus avancés, les plus exaltés aussi, ceux qui ont la langue la mieux pendue et qui aiment à s'en servir ; ils poussent donc naturellement à la grève, d'autant plus qu'ils ont souvent quelque chose à y gagner et le plus souvent pas grand chose à perdre. Là où le mouvement syndical a atteint tout son développement, où presque tous les ouvriers d'un corps d'état se trouvent syndiqués, alors les violents qui, au bout du compte, ne forment jamais qu'une minorité, se trouvent noyés et impuissants dans la masse, et quand il s'agit de prendre une résolution aussi grave que la grève, on peut compter qu'elle ne sera prise qu'avec la réflexion et la maturité voulues et non pas à la suite d'un coup de tête.

La seconde, c'est que là où les Associations syndicales sont puissamment organisées, elles peuvent obtenir ce qu'elles réclament et imposer leurs conditions, sans recourir à la grève, par le seul fait de leur puissance, par le respect et la crainte qu'ont les patrons de se mesurer avec des adversaires si redoutables. Il se produit ici quelque chose de tout à fait semblable à ce qui se passe dans le domaine politique : tout le monde sait que les guerres entre les peuples ne tendent pas à se multiplier à mesure que ces peuples deviennent plus puissamment armés : au contraire. Autrefois, alors qu'il n'y avait dans chaque pays que de petites armées composées uniquement de militaires par goût et par profession, les guerres étaient continuelles ; elles ne s'arrêtaient pas. Mais depuis que l'organisation militaire de chaque peuple est devenue formidable et que tous les citoyens de chaque pays sont enrôlés sous les drapeaux, on sent que la guerre serait chose si terrible et si ruineuse que personne n'ose plus commencer. Voilà vingt quatre ans qu'il n'y a pas eu une guerre en Europe et j'espère bien — malgré les pronostics de fâcheux augure — que ce siècle, qui s'approche de sa fin, s'achèvera sans en déchaîner de nouvelles. Je ne prétends point dire hélas ! que cet état de choses empêchera toujours une grande guerre d'éclater. Je dis seulement que cet état de choses rend les guerres de plus en plus rares.

C'est donc, bien que ce résultat paraisse étrange, la puissance des armements et le développement de l'organisation militaire qui maintiennent entre les peuples ennemis une paix internationale, précaire sans doute, mais qui est pourtant un progrès. Et de même aussi c'est le développement de l'organisation syndicale et l'armement pacifique des travailleurs qui rendront les grèves de plus en plus rares et assureront entre les classes ennemies, entre le capital et le travail, une paix sociale, précaire aussi sans doute, mais qui pourtant, elle aussi, par le respect mutuel des forces engagées et la crainte des désastres que déchaînerait le premier appel aux armes, constituera un grand progrès ! Ici aussi on peut appliquer la devise : *si vis pacem, para bellum*, si tu veux la paix, tiens-toi prêt à la lutte !

III. Des conseils d'Arbitrage

Mais si ce régime qu'on peut appeler celui de la paix armée, doit être considéré comme un progrès, il ne saurait cependant — ni pour les questions politiques, ni pour les questions sociales — être considéré comme la solution définitive. C'est un état d'équilibre instable ; c'est une paix trop fragile. Sous ce régime, la guerre ou la grève, ajournée autant que possible, reste néammoins le moyen suprême, la solution désespérée, *ultima ratio*, à laquelle il faudra recourir, faute de mieux. Et dans ce cas, ce sont les ouvriers qui seront le plus souvent battus ! il n'y a pas d'illusion à se faire à cet égard. Voici la statistique pour 1892 (la dernière publiée) : sur 261 grèves qui ont éclaté dans l'année, 56 seulement ont donné plein succès aux grévistes, donc à peu près 1 sur 5 ! — 118 ont échoué, soit les 2/5 — et 80 ont abouti à une transaction. Même en ajoutant celles-ci à celles qui ont réussi, cela ferait encore à peine la moitié. De plus ces grèves entraînent des dépenses ruineuses : on a estimé les dépenses et dommages causés par la dernière grève des mineurs de l'Angleterre à 700 millions, à peu près autant que la guerre d'Italie de 1859, beaucoup plus que la guerre du Tonkin. Et ses suites sont aussi terribles que celles de la guerre, puisque la grève n'est elle-même qu'une forme de la guerre : comme elle, entraînant des dépenses folles, la ruine, la misère, la famine, le meurtre, le suicide, et comme elle surtout laissant au cœur des vaincus, soit des ouvriers, soit des patrons, de longues et implacables rancunes, germes de guerres nouvelles.

Il faut trouver mieux : ici encore l'évolution des idées en matière de conflits politiques peut nous servir de guide. Que cherche-t-on pour prévenir les conflits internationaux ? A remplacer comme sanction suprême le droit du plus fort, c'est-à-dire la guerre, par l'*arbitrage*.

Et cette solution fait déjà des progrès incontestables non seulement dans les idées mais dans les faits. Il n'y a pas d'année où tel ou tel conflit entre puissances, qui probablement autrefois aurait provoqué la guerre, ne se trouve résolu par l'arbitrage. Cette année encore, une grosse question entre l'Angleterre et les Etats Unis, sur la liberté de la mer de Behring, a été résolue de cette façon par un tribunal d'arbitres siégeant à Paris. Pourquoi n'en serait-il pas ainsi du conflit entre le capital et le travail ? Et qui serait le plus intéressé à remplacer la force par la justice ? N'est-ce pas justement le plus faible, c'est-à-dire le travail ? N'est-ce pas l'ouvrier qui aurait le plus d'intérêt à voir les conflits résolus sans lutte, sans interruption du travail, et par des juges en qui il aurait confiance ? Car, en somme, il ne doit pas oublier que dans la plupart des grèves, c'est lui qui est battu et qui paie les pots cassés.

Et c'est ce qu'on fait en Angleterre. Pour les usines de fer et hauts fourneaux, il existe un Conseil permanent d'arbitrage composé de délégués élus en nombre égal par les patrons et les ouvriers — un délégué patron et un délégué ouvrier pour chaque usine — et depuis vingt-trois ans que ce Conseil existe, il a déjà jugé et résolu à l'amiable près de 1000 affaires, dont plus de cent portaient sur des modifications de salaire, et il n'y pas eu une seule grève ! Ce n'est pas le seul tribunal d'arbitrage qui fonctionne en Angleterre ; il y en a plusieurs autres. On vient d'en créer un pour les ouvriers mineurs. Le président de ce tribunal sera nommé par le président même de la Chambre des Députés (des Communes) Il y a aussi en Belgique des *Chambres d'explication.*

Vous savez qu'on a voté en France une loi toute récente pour organiser l'arbitrage (loi du 27 décembre 1892). Et aussi en Allemagne (loi du 29 juin 1890, tribunaux industriels), en Italie (loi du 15 juin 1893, *probi-viri)*, en Belgique (loi du 16 août 1887, Conseils de l'Industrie). Celle pour la France n'a pas donné tous les bons résultats qu'on en pouvait attendre. Pourquoi ? parce qu'elle est facultative, dit-on ! Elle ne peut guère être autrement : c'est plutôt parce qu'elle est intermittente, occasionnelle, et ne constitue pas, comme dans l'exemple des mines de fer d'Angleterre, une juridiction permanente.

A qui faut-il s'en prendre ? un peu à tout le monde : les patrons et les compagnies n'y ont pas mis beaucoup de bonne volonté, puisque hier encore les Compagnies des mines du Pas-de-Calais ont refusé l'arbitrage, mais les ouvriers de leur côté ont bien contribué à les discréditer, puisqu'à la grande grève de Carmaux, après avoir choisi comme arbitre le Ministre Président du Conseil, M. Loubet, ils ont refusé d'accepter la sentence arbitrale, ou du moins ne s'y sont résignés que de très mauvaise grâce et sous la pression des députés socialistes. Il est clair que si l'on accepte des arbitres avec l'intention de ne pas accepter la sentence au cas où elle serait défavorable, l'arbitrage n'est plus qu'une mauvaise plaisanterie.

Pourquoi l'arbitrage n'a-t-il pas donné les mêmes résultats en France qu'en Angleterre? On dit : parce que le sentiment de défiance et de haine des classes sont beaucoup plus vifs chez nous que chez nos voisins? C'est malheureusement trop vrai : cependant pour moi la véritable raison de cette différence entre l'Angleterre et la France tient justement à l'organisation incomplète et défectueuse des syndicats ouvriers chez nous et à leur forte discipline en Angleterre. Vous comprenez bien, en effet, que pour que l'arbitrage puisse fonctionner entre un patron et des ouvriers, il faut que les ouvriers soient liés, qu'ils forment un corps, qu'ils aient des chefs qui les représentent, qui puissent parler en leur nom et qui puissent prendre l'engagement moral que tous se conformeront à la décision de l'arbitre quelle qu'elle soit — c'est le cas justement des ouvriers en fer de l'Angleterre; leur Trade-union est très puissante et très obéie ; — mais si le patron n'a vis-à-vis de lui que 100, 1000 ouvriers isolés dont chacun entend ne faire qu'à sa tête, il est clair que tout arbitrage devient impossible.

Il y aurait pourtant un moyen de faire l'éducation de l'ouvrier et du patron — car ils en ont besoin autant l'un que l'autre — et de préparer l'arbitrage : c'est une excellente institution qui fonctionne déjà en Autriche sous le nom de *Conseils d'usines* ou *Comités ouvriers*. Dans certaines usines, il y a un Conseil permanent composé de délégués ouvriers, qui se réunit une fois par semaine sous la présidence du patron, en présence de tous les ouvriers qui veulent y assister, et devant lequel on porte toutes les difficultés de la vie intérieure, règlements d'ateliers, amendes, renvoi d'ouvriers. Il est vrai que le Conseil n'a que voix consultative : le patron conserve toujours le droit de décision : il ne l'accepterait pas autrement. Mais n'importe, c'est déjà un acheminement. Là, chacun peut exposer ses griefs : on peut y faire droit et en admettant même qu'on donne tort à l'ouvrier, il n'en est pas offensé d'ordinaire, parce qu'il est jugé par ses camarades et non pas uniquement par le patron ou même par un contre-maître : il sent qu'il n'est pas traité comme un chien, mais comme un homme.

Ecoutez comment s'exprime sur ce sujet, dans un rapport, un de ces ouvriers des usines de fer de l'Angleterre dont je viens de parler : « Autrefois, il y a une génération de cela, nous devions, quand nous avions une plainte à porter, attendre dehors, au froid, que le contre-maître nous reçut. Il était dans une chambre chaude, dans un fauteuil commode; nous, nous restions l'air farouche, à la porte. Cela nous révoltait. Aujourd'hui, au contraire, nous sommes assis à la même table que nos patrons et nous nous entendons avec eux sur le terrain de l'égalité des droits. »

Et ce que je vois de plus utile, en effet, dans ces institutions d'arbitrage et dans ces conseils d'usine, ce n'est pas seulement de prévenir les grèves, ce n'est pas seulement de pouvoir maintenir les salaires au taux le plus élevé compatible avec les exigences de l'industrie, c'est de faire participer peu à peu les ouvriers à la direction des entreprises et à ce que j'appellerai la souveraineté économique. Jusqu'à ce jour, l'industrie a été organisée sous la forme monarchique; le patron est roi dans son usine — comme le capitaine à bord de son navire. — Il fallait peut-être qu'il en fût ainsi pour créer l'industrie moderne; de même qu'il a fallu peut-être l'esclavage pour soumettre les premiers hommes à la discipline du travail et les forcer à défricher la terre, mais à cette heure où la classe ouvrière participe à la souveraineté politique, où elle commence à faire son éducation sociale et économique, il est bon qu'elle soit peu à peu initiée au gouvernement industriel, qu'elle sache prendre sa part et sa responsabilité aussi dans le maniement des capitaux et des instruments de production. Il est bon que la monarchie absolue du patron dans l'usine fasse place à une monarchie constitutionnelle, à une sorte de gouvernement parlementaire où les ouvriers, au lieu d'être des instruments, deviendront des collaborateurs; et cela, dans l'intérêt des patrons aussi bien que dans celui des ouvriers. Le meilleur moyen, en effet, de retenir un pouvoir chancelant et déjà disputé, c'est de le partager avec ses adversaires.

IV. De l'échelle mobile — De la participation aux bénéfices

Mais nous pouvons faire encore un pas de plus. L'arbitrage, quoique très supérieur à la grève qu'il empêche d'éclater, suppose cependant toujours un conflit, au moins à l'état naissant. Ne pourrait-on régler le contrat de salaire de façon à prévenir jusqu'à l'occasion d'un conflit à l'empêcher de naître? ce serait mieux encore. Oui, on le peut.

La plupart des conflits, les plus graves tout au moins, naissent dans les circonstances suivantes. Le patron, la Compagnie, réduit ses salaires en disant : «La situation des affaires ne permet pas de vous donner autant qu'autrefois : tous mes regrets. » Les ouvriers protestent. Ou bien ce sont les ouvriers qui prennent les devants et disent au patron, à la Compagnie : « Vous faites de bonnes affaires, vous distribuez de beaux dividendes et vous ne nous donnez pas un sou de plus ; nous voulons que vous nous augmentiez. » Eh bien ! supposons que le salaire soit réglé sur une certaine échelle, de façon qu'il soit convenu que toutes les fois que les prix de vente des produits, ou du charbon hausseront de 10 °/₀, les salaires seront augmentés de 10 °/₀, ou à l'inverse, que si le prix des marchandises vient à baisser de 10 °/₀, les salaires seront abaissés dans la même proportion. Dans ce cas, une des principales causes du conflit semble écartée. Le salaire de l'ouvrier suit la fortune de l'entreprise, s'élevant dans les beaux jours, s'abaissant dans les mauvais, mais toujours d'une façon automatique et sans qu'on puisse accuser personne ni s'en prendre à une autre cause qu'aux vicissitudes du marché.

Ce système dit de l'*échelle mobile* a été mis en pratique dans un assez grand nombre de charbonnages et de forges d'Angleterre — c'est toujours dans ce pays qu'il faut chercher les expérimentations sociales. — Il a donné certainement de bons résultats, cependant pas décisifs et beaucoup, après en avoir essayé, l'ont abandonné. Ce qu'on peut lui reprocher, c'est que les ouvriers qui le goûtent fort quand il amène une hausse de salaires, le goûtent beaucoup moins quand il amène une baisse ! C'est aussi : 1° qu'il n'est pas aussi facile qu'on le croit de déterminer exactement les prix de vente des produits et les variations de ces prix qui doivent servir de régulateur : cela suppose beaucoup de calculs et de moyennes qui ne sont guère intelligibles aux ouvriers et que souvent ils ne croient pas sincères. Il est à remarquer d'ailleurs que les profits et les prix ne sont, en réalité, nullement parallèles : une élévation de prix minime peut amener une hausse considérable des profits, tandis qu'une baisse même minime peut les réduire à zéro ou même les rendre négatifs. Dès lors le calcul des salaires est beaucoup plus compliqué qu'il ne semble ; 2° Les ouvriers peuvent dire que la baisse des prix est due à la faute des patrons, par la concurrence qu'ils se font et la surproduction qui en résulte, et être conduits dès lors à essayer de provoquer un relèvement des prix en travaillant moins; 3° Et enfin, dans la dernière grande grève de charbon, les ouvriers émirent cette prétention que c'était non aux salaires à se régler sur les prix des produits, mais aux prix des produits à se régler sur les salaires ! Cette prétention, qui serait évidemment la condamnation du système de l'échelle mobile, est d'ailleurs absurde : — d'abord parce qu'il ne dépend pas des entrepreneurs de fixer les prix — si cela dépendait d'eux, vous pouvez croire qu'ils ne manqueraient pas de faire la hausse ! — en second lieu parce qu'en admettant qu'ils eûssent le pouvoir de faire hausser tous les prix, les ouvriers reperdraient en tant que consommateurs tout le bénéfice qu'ils auraient pu faire en tant que salariés. Mais enfin de tout cela il résulte que ce système ne dispense pas toujours, comme on aurait pu l'espérer, de recourir à l'arbitrage et même n'évite pas toujours les grèves.

Il faut donc chercher un système qui, moins simple en apparence, est plus pratique en réalité, c'est *la participation aux bénéfices.* Dans ce système le salaire reste invariable : il n'est donc jamais exposé à baisser : le patron en plus du salaire, ajoute un tant pour cent sur les bénéfices. Dans ces conditions, c'est une sorte de contrat d'association qui, sans supprimer le contrat de salaire, vient se greffer sur lui et le compléter. Quand les bénéfices sont considérables, le supplément accordé à l'ouvrier sous forme de participation grandit ; s'il arrive que les bénéfices soient nuls, alors naturellement, cette année-là, la part allouée est nulle aussi et il ne lui reste que son salaire. Et si une année il y a des pertes, l'ouvrier participe-t-il aux pertes? Non, je le répète, son salaire n'est jamais exposé à baisser. Alors, disent les ennemis de ce système, il n'est pas juste que l'ouvrier participe aux bénéfices s'il ne participe pas aux pertes, puisque de cette façon il court les bonnes chances et ne court pas les mauvaises ? Cet argument n'est pas très bon, car le patron, en fixant la part qu'il alloue à ses ouvriers doit la calculer — et il ne l'oublie pas — de façon à s'assurer contre les risques des mauvaises années. Par exemple, au lieu de donner à ses ouvriers 10 °/₀ sur les bénéfices, il leur donne 5 °/₀ seulement et verse les 5 °/₀ restants à une caisse spéciale où il puisera pour se dédommager dans les mauvaises années.

Si j'avais à parler en détail de la participation aux bénéfices, toute une conférence n'y suffirait pas; je ne l'indique ici que comme complément et couronnement des mesures propres à améliorer le salariat. Parmi vous, vous avez entendu citer au moins les noms des établissements dans lesquels cette participation aux bénéfices a donné les plus grands résultats, tels que l'entreprise de peinture Leclaire, l'usine du Familistère de M. Godin, le magasin du Bon Marché, la papeterie Laroche-Joubert à Angoulême, etc.

La part allouée aux ouvriers, sous forme de participation aux bénéfices, en général n'est pas énorme : elle ne dépasse guère 15 p. °/₀ : on a vu cependant des entreprises où elle s'élevait jusqu'à 35 p. °/₀, et au Familistère de Guise, elle a été suffisante pour les rendre co-propriétaires en quinze années de la plus grande partie de cet établissement représentant un capital de 4.600.000 francs. Mais outre qu'un supplément de 150 à 200 fr. sur un salaire de 1,200 à 1,500 fr. par exemple, n'est pas à dédaigner, outre qu'en dehors de ce supplément la participation permet d'ordinaire d'assurer une retraite aux ouvriers, ou ce qui revient au même, de lui constituer un petit capital, — l'avantage de ce mode de rémunération ne doit pas s'apprécier en argent. Le grand avantage est d'ordre moral et non pécuniaire : c'est le sentiment nouveau chez l'ouvrier d'être non plus l'instrument du patron, mais son collaborateur, son associé ; c'est la suppression radicale de ce conflit qui nous a apparu jusqu'ici comme un vice inhérent au contrat de salaire. Tandis que dans les systèmes précédents, même dans celui de l'échelle mobile, l'ouvrier n'est pas intéressé à bien faire, ou du moins n'y est poussé que par la crainte d'être congédié, — ici, il est intéressé directement à faire de son mieux, à voir l'entreprise prospérer, et par là, ses intérêts se trouvent solidaires de ceux du patron au lieu d'être antagonistes. Comme le disait un employé de la fabrique Laroche-Joubert à un publiciste qui l'interrogeait : « Pourquoi irions-nous nous mettre en grève? Ici, c'est pour nous-mêmes que nous travaillons. »

Ainsi voilà les étapes successives que nous venons de parcourir. Nous avons vu les progrès successifs réalisés dans le contrat de salaire :

1° En établissant les parties sur pied d'égalité par le moyen des syndicats ouvriers;

2° En substituant, en cas de conflit, à la solution du droit du plus fort, à la grève, la solution par l'arbitrage, par le bon droit;

3° En prévenant jusqu'aux occasions même de conflit, par une association entre le patron et l'ouvrier sous forme de participation aux bénéfices.

Etapes qui correspondent du reste, dans l'ordre social, à la même évolution qui s'accomplit dans l'ordre politique — d'abord la paix armée reposant sur l'équilibre des forces ; — puis l'arbitrage substitué à la guerre, comme solution des conflits ; — enfin les conflits eux mêmes prévenus par les traités de paix, par l'alliance, l'union entre des Etats autrefois ennemis et demain amis !

Dans ces conditions, et grâce à ces progrès successifs, le contrat de salaire peut paraître maintenant admissible et suffisamment équitable.

V. Baisse des prix et de l'intérêt

Cependant nous ne sommes pas encore au bout. Les salaires peuvent s'améliorer d'une autre façon très différente, mais non moins efficace, non plus par la hausse du prix de la main-d'œuvre, mais par la baisse du prix des marchandises. Il est bien clair, en effet, que si les prix baissent les dépenses seront moindres et que la même pièce de 3 ou 4 fr. que reçoit l'ouvrier pour sa part, pourra lui permettre de se procurer beaucoup plus de jouissances et de mieux vivre. Si les prix de toutes choses venaient à baisser de moitié, par exemple, ce serait exactement comme si les salaires avaient doublé. Or, il est certain, malgré le préjugé contraire, que d'une façon générale, les prix des choses baissent d'une façon sensible. Oui, en dehors des loyers et des quelques aliments plus ou moins de luxe, tels que le beurre, le poisson, on peut dire que les prix, en général, ont une tendance à baisser : voyez le blé, le vin, le sucre, les articles manufacturés, les billets de transports, les secours médicaux, l'instruction, les journaux à un sou.....

Si le public ne s'aperçoit pas encore de cette baisse, c'est la faute de trois causes étrangères et artificielles : 1° Des impôts et octrois ; 2° des droits de douane ; 3° et surtout des intermédiaires : de 1,500,000 il y a trente ans, leur nombre s'est élevé à plus de quatre millions, et il faut bien que tout ce monde-là vive de quelque chose !

Oui, dès aujourd'hui, s'il n'y avait pas les trois obstacles que je vais indiquer, nous paierions à l'heure qu'il est le pain 3 sous le kilo, et le vin 3 sous la bouteille — cela ne s'était jamais vu.

Mais ces trois causes de renchérissement artificiel ne sont ni nécessaires ni éternelles. Les lois mieux inspirées et les sociétés coopératives de consommation, en supprimant les intermédiaires inutiles et les obstacles fiscaux nuisibles au transport des denrées nécessaires à la vie, permettront à la baisse des prix de produire ses effets bienfaisants. L'ouvrier sera le premier à en bénéficier, car quand bien même son salaire en argent ne s'élèverait pas d'ici à dix ans, si dans dix ans avec les mêmes 40 ou 50 fr. pour sa quinzaine qu'il touche aujourd'hui, il peut se procurer deux fois plus de toutes choses nécessaires à la vie, il est bien clair qu'il sera deux fois plus riche.

Et il y a deux autres choses qui baissent de prix et dont la valeur tend à s'avilir, ce sont justement les deux grands frères — frères ennemis souvent — du travail ; le Capital et la Terre. Ils baissent ! puisque autrefois un capital de 1,000 fr. se louait 50 à 60 fr. par an et aujourd'hui 30 fr. seulement, près de moitié moins ! Et la terre aussi baisse de prix ! demandez à tous les propriétaires ! Il est donc probable que tandis que nous verrons ces deux facteurs de la production qui ont exercé jusqu'à ce jour le rôle prépondérant, la Terre et le Capital, baisser de valeur avec l'avilissement des fermages et de l'intérêt, nous sommes destinés à voir, au contraire, le troisième facteur de la production, le travail manuel, celui dont jusqu'à présent la valeur avait été avilie, acquérir une valeur grandissante.

Nous ne nous en plaindrons pas. Il est bon qu'il en soit ainsi : le travail, c'est l'homme ! les produits, le capital, la terre ne sont que des choses ; or il est juste que l'homme ait une plus grande valeur que les choses.

Tels sont les moyens possibles et les causes déjà agissantes, qui tendent à améliorer le salaire, non pas dans un avenir plus ou moins éloigné, mais dès maintenant.

Ces améliorations marquent-elles le terme définitif auquel nous devions nous arrêter ? Nous ne le pensons pas. Nous croyons au contraire qu'après tous les progrès possibles réalisés dans le salariat, il restera un dernier progrès à réaliser et le plus grand de tous — qui consistera à le supprimer. Vous savez que c'est là le programme des coopérateurs ou le programme du moins de ce groupe de coopérateurs qui est connu, sous le nom — vous devriez en être justement fiers — d'école de Nimes. Nous ne saurions nous résigner à voir dans le salariat une forme définitive et permanente de l'organisation sociale ; nous n'y voyons qu'une forme transitoire qui, après avoir rendu à la production et à la civilisation d'incontestables services, est appelée à disparaître pour faire place à ce que nous appelons la *production coopérative*, forme dans laquelle les travailleurs associés et co-propriétaires de leurs instruments de travail et de leurs capitaux pourront désormais produire pour leur propre compte. Ce qui prouve que cet idéal n'est pas chimérique, c'est qu'il est déjà réalisé soit dans le Familistère de M. Godin, dont je parlais tout à l'heure, soit dans les 3 ou 400 Sociétés coopératives de production, réparties dans le monde entier. Alors du jour où tout travailleur sera capitaliste et tout capitaliste travailleur, il est clair que par la réunion en un seul de ces deux éléments aujourd'hui séparés, le capital et le travail, tout conflit cessera, car on ne saurait se battre contre soi-même. Alors se réalisera le rêve de ce brave homme dont je citais le mot tout à l'heure : celui qui aura fait sa soupe la mangera! Mais ce progrès-là, nous le disons très franchement, ne pourra pas se réaliser de longtemps. Nous devons le préparer, mais nous ne le verrons pas de nos yeux, pas plus que nous ne verrons probablement les Etats-Unis d'Europe.

N'importe, ce serait déjà beaucoup que d'amener entre les hommes des rapports plus faciles et plus aimables. Ce n'est pas peu de chose que l'espérance que je vous ai montrée — qui n'est pas du reste une espérance, mais une certitude — celle de voir, par la hausse des salaires, par la baisse des prix, par la prééminence graduelle du travail sur les autres facteurs de la production, les salariés recueillir une part de plus en plus large et de plus en plus méritée dans les bienfaits de la civilisation !

Nîmes, imp. Veuve Laporte, ruelle des Saintes-Maries, 7. — 177.

www.ingramcontent.com/pod-product-compliance
Ingram Content Group UK Ltd.
Pitfield, Milton Keynes, MK11 3LW, UK
UKHW021926230726
13925UKWH00007B/2428

9 782013 556453